PĀ

JAUTĀJUMI

DŽONS BLANČERDS

Evangelical Press
Faverdale North, Darlington. DL3 0PH
sales@epbooks.org / www.epbooks.org

© Evangelical Press 1987
Pirmpublicējums 1987. g.

British Library Cataloguing in Publication Data available

ISBN: 978 085234 3623

This edition 2013

Dzīve ir jautājumu pilna. Daži ir maznozīmīgi, citi - nopietnāki, taču ir arī ārkārtīgi svarīgi jautājumi.

Mūs var nodarbināt jautājumi par savu veselību, finansiālo stāvokli, darbu, ģimeni vai nākotni.

Taču paši nozīmīgākie, būtiskākie jautājumi ir par Dievu un mūsu attiecībām ar viņu. Nekā svarīgāka par to dzīvē nav. Cilvēks var vēlēties labu veselību, stabilus ienākumus, nodrošinātu darbu, saskanīgu ģimeni, cerīgu nākotni. Tomēr viss būs īslaicīgs un galu galā bezjēdzīgs, ja nebūs dzīvās saiknes ar Dievu - šīs skaidrās, drošās saiknes, kas pastāvēs mūžīgi.

Nākamajās lappusēs jūs atklāsit, kāpēc šāda saikne ir tik ļoti vajadzīga un kā to radīt.

Jautājumi, kuri sekos, ir visnopietnākie un vissvarīgākie, kādus jebkurš cilvēks var uzdot. Atbildēs, cerams, katrs gūs vajadzīgo skaidrību.

Lūdzu, izlasiet šīs lappuses rūpīgi un uzmanīgi, un, ja nepieciešams, pat vairākkārt. Nepieļaujiet, ka to saturs paslīd jums garām.

Vai tur kāds ir?

Tas ir būtisks jautājums. Ja Dieva nav, tad viņu meklēt nav jēgas. *Katram, kurš pie viņa nāk, ir jātic, ka viņš ir.*[1] Lai gan Dievu matemātiski pierādīt nav iespējams, tomēr mums ir pārliecinoši pierādījumi par viņa esamību.

Apskatīsim pasaules rašanos. Ja uzskatām to par nejaušību, rodas daudz neatbildamu jautājumu. Tas pats ir ar lielā sprādziena teoriju. No kurienes, piemēram, radās izej-materiāls? Pat lielais sprādziens nevarētu radīt kaut ko no nekā. Plaši izplatīta ir evolūcijas teorija, taču tā ir tikpat nepārliecinoša: kā "nekas" var pārvērsties par "kaut ko", nemaz nerunājot par apbrīnojami komplicētajām dzīvības formām?[2]

Tikpat nepamatotas ir arī citas teorijas. Vienīgais izskaidro-jums, kas var mūs apmierināt, ir šāds: *Sākumā Dievs radīja debesis un zemi.* Mūsu pasaule nav tikai neticami laimīgas sagadīšanās rezultāts. Nē, *pasaule radās pēc Dieva pavēles, un redzamais cēlies no neredzamā.* Pasaulei ir sākums, un to aizsāka Dievs: *Viņš runāja — un tā notika, viņš pavēlēja, un*

4

viss radās. To apstiprina pasaules apbrīnojamā kārtība un ieceres pilnība, gudrie likumi, kas tur visu kopā, sākot no milzīgā kosmosa un beidzot ar mikroorganismiem. Bet kā radušies šie likumi un kā radusies šī iecere? Visam pamatā ir Dieva griba. *Dievs, kas radījis pasauli un visu, kas tajā mīt, ir debesu un zemes Valdnieks.*

Visneapstrīdamākais radīšanas pierādījums ir pats cilvēks. Atšķirībā no dzīvniekiem, cilvēkam ir dvēsele. Viņš spēj izdarīt saprātīgu izvēli, viņam ir sirdsapziņa, un viņš var atšķirt labo no ļaunā. Cilvēks spēj mīlēt un just līdzi. Bet visdīvainākais ir tas, ka viņam piemīt instinktīva tieksme kādu pielūgt. Kā cilvēkā radušās šīs īpašības? Nedz evolūcija, nedz vesela nejaušību lavīna nevarētu tās viņā izveidot. Visskaidrākā atbilde rodama Bībelē: *Dievs izveidoja cilvēku no zemes pīšļiem un iedvesa viņa nāsīs dzīvības elpu, un cilvēks kļuva par dzīvu būtni.* Cilvēku *godbijīgi un brīnumaini izveidojis* visuma Radītājs.

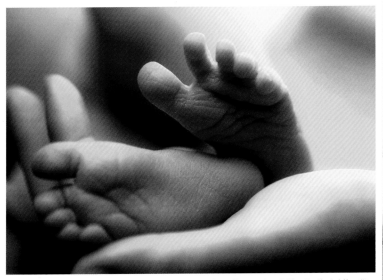

(1) Pasvītrotie teksti ir citāti no angļu Bībeles "New International Version". Atbilstošās Bībeles vietas norādītas 32. lappusē.

(2) Šis ir svarīgs un komplicēts jautājums, ko šeit nav iespējams apskatīt. Ja evolūcijas problēmas jūs īpaši interesē, iesakām izlasīt grāmatu "From Nothing to Nature" (Prof. E. H. Andrews, Evangelical Press)

Vai Dievs runā?

Šis ir ārkārtīgi svarīgs jautājums. Mēs paši par Dievu nezinām pilnīgi neko. *Vai gan tu vari izdibināt Dieva noslēpumus? Vai vari ietiekties Visuvarenā pilnības dzīlēs?* Dievs nav mūsu prātam aptverams, un mums ir vajadzīga viņa pašatklāsme.

Radīšana ir viens no galvenajiem Dieva atklāsmes veidiem. *Debesis daudzina Dieva godu; izplatījums izteic viņa roku darbu.* Visuma neaptveramais plašums, apbrīnojamais līdzsvars, daudzveidība un krāšņums mums daudz pavēsta par Dievu, kurš to radījis. Materiālā pasaule liecina par viņa fantastisko spēku, žilbinošo prātu un nepārspējamo iztēli. *Kopš pasaules radīšanas Dieva neredzamās īpašības - viņa mūžīgā vara un dievišķā daba - gara acīm saskatāmas viņa darbos, tāpēc cilvēkiem nav ar ko attaisnoties.*

Cilvēku savstarpējā saskarsmē ļoti daudz nozīmē vārdi. Arī Dievs mūs uzrunā ar vārdiem - ar Bībeles vārdiem. Gandrīz 4000 reižu Vecajā Derībā vien (500 reižu tās pirmajās piecās grāmatās) jūs atradīsit tādus izteicienus kā "Dievs runāja", "Dievs pavēlēja" un "Dievs sacīja". Tāpēc Svēto Rakstu *pirmsākums nav cilvēku vārdi, bet cilvēki ir runājuši no Dieva, Svētā Gara vadīti.*

Nekur citur pasaules literatūrā nevar atrast šādus tik skaidrus un līdz sīkumiem precīzus pravietojumus. To autori atzīst, ka dzirdējuši tos no Dieva. Pareģotais vēlāk piepildījies vārds vārdā. Varbūtība, ka tas noticis sagadīšanās rezultātā, ir pārāk neiespējama, lai par to runātu nopietni.

Nepārvērtējama ir Bībeles ietekme uz cilvēku dzīvi. Nav otras grāmatas, kam piemistu tāds spēks. Miljoniem cilvēku visos laikos ir paši pārliecinājušies, ka *Dieva likumi ir pilnīgi un atspirdzina dvēseli; viņa baušļi ir uzticami, tie vientiesīgos dara gudrus. Kunga pamācības ir taisnīgas un ielīksmo sirdi, viņa pavēles ir saprātīgas un rāda cilvēkiem gaismu.*

Pēc 2000 gadiem neviens eksperts jebkurā jomā nav varējis apgāzt pat vienu Bībeles apgalvojumu.[3] Tas pierāda, ka *Svētie Raksti ir Dieva iedvesmoti.* Tādēļ mums Bībele būtu jāpieņem *nevis kā cilvēku vārdi, bet - kā tas ir patiesībā - kā Dieva vārds.*

(3) Ja jums rodas jautājumi par Bībeli, iesakām izlasīt grāmatu "Nothing but the Truth" (Brian H. Edwards, Evangelical Press)

Kāds ir Dievs?

Tāds varētu būt nākamais jautājums. Mēs varam atzīt Dieva esamības faktu, varam atzīt arī to, ko par Dievu mums liecina daba un Bībele. Bet ar to vien ir par maz. Kāds tad patiesībā ir Dievs? Bībele sniedz skaidras un pārliecinošas atbildes uz šo bezgala svarīgo jautājumu. Lūk, dažas no tām.

Dievs ir būtne. Viņš nav liktenis, augstāks spēks vai kaut kas cits tikpat abstrakts. Viņš domā, jūt, ilgojas un darbojas, nepārprotami atklājot sevi kā dzīvu Būtni, Personu. Taču viņš nav "vīriņš uz mākoņa", nedz arī kāds supermenis. *Kungs ir patiess Dievs. Viņš ir dzīvais Dievs, mūžīgais Valdnieks.*

Dievs daudzskaitlī. Ir tikai viens patiess Dievs, kurš saka: *Es esmu sākums un gals, bez manis nav cita Dieva.* Un tomēr Dievs par sevi runā kā par *trīsvienību* — Tēvu, Dēlu un Svēto Garu. Katrs no šiem trim ir vienlīdz dievišķs. Bībele runā par *Dieva Tēva godu;* tajā teikts, ka *Vārds* (Jēzus Kristus) *bija Dievs,* un tā vēstī par *Kungu, kas ir Gars.* Dievs ir viens, bet trīs Personās.

Dievs ir garīgs. Viņam nav fizikālu dimensiju. Viņam nav ķermeņa. Uz Viņu nevar attiecināt lieluma vai formas jēdzienu.

Dievs ir Gars, un tiem, kas Viņu pielūdz, jālūdz garā un patiesībā. Tas nozīmē, ka Dievs ir neredzams. *Dievu neviens nekad nav redzējis.* Tas nozīmē, ka Viņš neatrodas vienā vietā, bet vienlaicīgi ir visur. *Vai gan es nepiepildu debesis un zemi?— saka Dievs.* Tātad Dievs pilnībā pārzina visu, kas notiek jebkurā vietā. Turklāt Viņš zina ne vien to, ko mēs sakām un darām, bet arī katru domu, kas ienāk mums prātā.

Dievs ir mūžīgs. Dievam nav sākuma. Bībeles vārdiem runājot, *tu esi no mūžības uz mūžību, ak Dievs.* Nekad nav bijis tā, ka Dieva nebūtu bijis, un nekad nepienāks brīdis, kad Dieva nebūs. Dievs par sevi saka, ka viņš ir *tas, kas ir, kas bija un kas nāk.* Viņš mūžīgi paliek tas pats: *Es esmu Kungs. Es nemainos.* Dievs ir nemainīgs - tāds, kāds viņš bija pirms miljardiem gadu, viņš ir arī šodien.

Dievs ir neatkarīgs. Visas citas dzīvās būtnes ir atkarīgas no cilvēkiem, apstākļiem un visbeidzot - no Dieva. Dievs pats ir pilnīgi neatkarīgs no visa tā, ko radījis. *Viņu neapkalpo cilvēku rokas, it kā viņam kaut kas trūktu, jo viņš pats dod cilvēkiem dzīvību un elpu un visu pārējo.*

Dievs ir svēts. Viņš ir *cildens savā svētumā un bijību iedvesošs savā godībā.* Nekas nevar līdzināties Dieva svētumam. *Nav neviena, kas ir svēts, kā vienīgi Kungs,* kam nav itin nevienas kļūdas un nepilnības. Bībelē par viņu sacīts: *Tavas acis ir pārāk skaidras, lai skatītu Jaunumu, tu nepaciet netaisnību.* Svētais Dievs prasa svētumu no ikkatra cilvēka. Viņa prasība mums ir: *Esiet svēti, jo Es esmu svēts.*

Dievs ir taisnīgs. Bībelē teikts, ka *Kungs ir taisnīgas tiesas Dievs,* un ka *taisnība un tiesa ir viņa troņa balsti.* Dievs ir ne tikai mūsu Radītājs un Uzturētājs, viņš ir arī mūsu Tiesnesis. Viņš atalgo un soda gan šajā dzīvē, gan mūžībā. Viņa taisnī-

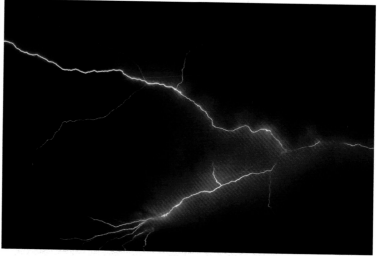

gums ir pilnīgs - bez aizspriedumiem un kļūdām.

Dievs ir pilnīgs. Viņa zināšanas ir pilnīgas. *Nekas visā pasaulē nav apslēpts Dieva skatienam. Viss ir atsegts viņa acīm: viņam mēs esam atbildīgi.* Dievs zina visu, kas ir, bija un būs, arī visas mūsu domas, vārdus un darbus. Viņa gudrība ir pilnīga un mūsu prātam neaptverama. *Kāds Dieva bagātības, gudrības un zināšanu dziļums! Cik neizzināmi ir viņa spriedumi un cik neizdibināmi viņa ceļi!*

Dievs ir valdnieks. Viņš ir vienīgais Visuma valdnieks.

Nekas nenotiek bez viņa ziņas. *Kungs dara visu, ko vēlas, gan debesīs, gan zemes virsū.* Dievam nav nejaušību vai pārsteigumu. Viņš raksta visas pasaules vēsturi un *visu vada pēc savas gribas.* Dievam nevajag nedz padoma, nedz piekrišanas tam, ko viņš nolēmis uzsākt, un viņa nodomus izjaukt nav iespējams: *Neviens nevar atturēt viņa roku vai pateikt viņam: "Ko tu esi izdarījis?"*

Dievs ir visvarens. Viņš spēj visu. Viņš pats saka: *Es esmu Kungs, visas cilvēces Dievs. Vai man ir kaut kas neiespējams?* Tas nenozīmē, ka Dievs var darīt jebko (viņš nevar melot, mainīties, kļūdīties, grēkot vai kļūt sev neuzticīgs), bet

viņš spēj izdarīt visu, ko grib, atbilstoši savai būtībai.

Šis ir tikai neliels ieskats tajās liecībās, ko par sevi, savu dabu un rakstu devis pats Dievs. Bībelē par Dievu atklātas vēl arī citas patiesības (par vienu no tām mēs vēl runāsim 22. lappusē), tomēr viņā ir daudz kas tāds, ko mēs diez vai spējam pilnībā izprast. *Viņš dara brīnumus, ko neviens nevar aptvert, viņa brīnumdarbiem nav gala.* Šajā nozīmē *Visuvarenais ir mums neaizsniedzams* un visģeniālākais prāts te izrādās bezspēcīgs. Tas nav nekas pārsteidzošs. Ja mēs spētu Dievu izprast pilnībā, tad viņš nebūtu cienīgs saņemt pielūgsmi.

Kas esmu es?

Mūsdienu dzīves grūtības un problēmas daudziem liek nemitīgi meklēt dzīves jēgu un mērķi. Lasot šīs lappuses, mēs esam mazliet ieskatījušies Dieva būtībā. Bet kas esam mēs paši? Kāpēc mēs dzīvojam? Kādēļ esam šajā pasaulē? Vai cilvēka dzīvei ir kāda jēga un mērķis?

Cilvēks nav nejauši radies saderīgu atomu kopums, kas laimīgā kārtā pārtapis cilvēciskā būtnē. Bībele mums stāsta, ka cilvēks ir īpaši veidots, un to darījis gudrs un svēts Dievs. *Dievs radīja cilvēku pēc sava tēla un līdzības. Viņš radīja vīrieti un sievieti.* Cilvēks ir vairāk nekā augsti attīstīts dzīvnieks vai smalkāk veidots pērtiķis. Viņš tikpat stipri atšķiras no dzīvniekiem, kā dzīvnieki no augiem, un tie — no minerāliem. Salīdzinājumā ar sauli, mēnesi vai zvaigznēm, cilvēks izskatās niecīgs, bet Dievs ierādījis viņam izcilu vietu pasaulē.

Apliecinājums tam ir viena no pirmajām Dieva pavēlēm cilvēkam: *"Valdi pār zivīm jūrā, pār putniem gaisā un pār katru dzīvu radību, kas mīt virs zemes."* Cilvēks kļuva par tiešu Dieva pārstāvi zemes virsū, pret kuru visa cita dzīvā radība izjūt bijību.

Cilvēkam tika piešķirta arī īpaša cieņa. Tas, ka viņš bija radīts pēc Dieva tēla, nenozīmē, ka viņš būtu veidots tādā lielumā vai veidā kā Dievs (mēs jau noskaidrojām, ka Dievam nepiemīt ne viens, ne otrs). Cilvēks nebija arī Dievs miniatūrā, kam piemistu visas Dieva īpašības, tikai mazākā mērā. Tas nozīmē, ka cilvēks tika radīts kā garīga, saprātīga, tikumiska, nemirstīga un pilnīga būtne. Precīzāk sakot, viņš bija Dieva svētās personības tiešs atspulgs.

Cilvēks ar prieku paklausīja Dieva pavēlēm un dzīvoja pilnīgā saskaņā ar Viņu. Toreiz cilvēku neplosīja iekšējas pretrunas. Viņš skaidri zināja, kas viņš ir un kālab dzīvo pasaulē, un labprāt dzīvoja tā, kā Dievs lika.

Bet ne jau tikai cilvēks izjuta iekšēju saskaņu un bija ap-

mierināts ar savu stāvokli pasaulē. Arī Dievs bija apmierināts ar cilvēku. Bībele saka, ka tad, kad cilvēka izveidošana vainagoja radīšanas darbu, *Dievs pārlūkoja visu, ko bija radījis, un viss bija ļoti labs.* Šajā vēstures brīdī starp cilvēkiem valdīja ideālas attiecības un pilnīga saskaņa ar Dievu.

Taču šodien tā tas nepavisam vairs nav. Kāds ir tā iemesls?

Kas notika?

Visprecīzākā atbilde uz šo jautājumu ir: *pasaulē caur vienu cilvēku ienāca grēks, un caur grēku - nāve.*

Pirmajiem cilvēkiem (Ādamam un Ievai) bija dota liela brīvība, taču arī nopietns brīdinājums: *Jūs nedrīkstat ēst laba un ļauna atzīšanas koka augļus. Ja jūs no tā ēdīsit, jūs mirdami mirsit.* Tas bija vislabākais pārbaudījums, vai cilvēks ir ar mieru paklausīt Dieva teiktajam tāpēc vien, ka to sacījis Dievs. Taču Sātans kūdīja Ievu apšaubīt Dieva vārdus un nepaklausīt viņam. Ieva tā arī izdarīja. *Kad sieviete redzēja, ka koka augļi ir ēdami, skaisti un kārdinoši, un ka tie varētu dot gudrību, viņa tos plūca un ēda. Viņa deva tos savam vīram, un arī tas ēda.*

Šajā brīdī pasaulē ienāca grēks. Apzināti pārkāpjot Dieva pavēli, cilvēks pazaudēja vienotību ar Viņu. Mīlestības vietā Ādams un Ieva sajuta briesmīgas bailes no Viņa: *viņi paslēpās no Kunga Dieva dārzā starp kokiem.* Viņi vairs nejutās droši, brīvi un laimīgi. Grēks uzspieda viņiem kauna, vainas un baiļu zīmogu.

Dievs bija teicis, ka cilvēks nepaklausības dēļ mirs, un tā arī notika. Nāve nozīmē atšķirtību. Tajā mirklī notika traģēdija: cilvēks zaudēja saikni ar Dievu un garīgi nomira. Viņu gaidīja arī fiziska nāve. Arī Ādama un Ievas bērni pārmantoja vecāku sabojāto dabu un grēcīgo raksturu. Kopš tā laika grēka inde kā sārņi upē ir ieplūdusi Ādama pēcnācējos, un *reizē ar grēku visu cilvēku dzīvē ienākusi nāve, jo visi ir grēkojuši.*

Pievērsiet uzmanību vārdiem "visu cilvēku". Tas skar gan šīs grāmatas autoru, gan lasītāju. Varbūt, ka mēs nekad nesastapsimies, bet mums ir kaut kas kopīgs - mēs visi esam grēcinieki un mirstīgi. *Ja sakām, ka esam bez grēka, mēs sevi mānām un neesam patiesi,* un, ja apgalvojam, ka nemirsim, tad esam vienkārši smieklīgi. Noliedzot faktus, tie nebūt nemainās.

Daudzi avīžu raksti, televīzijas un radio pārraides mums

atgādina, ka pasaulē šodien valda sajukums. Nav grūti nosodīt varmācību, netaisnību, nekārtības un ļaundarību sabiedrībā, bet, pirms kritizējam citus, pajautāsim sev, vai mēs paši esam pilnīgi un dzīvojam saskaņā ar svētā Dieva prasībām. Vai esam absolūti godīgi, sirdsskaidri, mīloši un nesavtīgi? Dievs zina atbildes uz šiem jautājumiem, un tās zinām arī mēs. *Visi ir grēkojuši, un visiem trūkst dievišķās godības.* Mēs esam grēcinieki kopš dzimšanas — pēc savas dabas, savā izvēlē un rīcībā. Tas mums noteikti jāatzīst, lai apzinātos visu, kas no tā izriet.

Vai grēks ir nopietns?

Kad slimība konstatēta, ir svarīgi zināt, cik tā nopietna. Vēl svarīgāk to zināt par tādu garīgu slimību kā grēks. Daudzi gandrīz vai ar smaidu atzīst sevi par grēcinieku, jo viņiem nav ne jausmas, ko tas nozīmē. Viņi to uzskata par savu cilvēcisko dabu vai arī aizbildinās, ka visi tā darot. Lūk, ko Bībele saka par mums kā par grēciniekiem.

Mēs esam ļauni. Tas nenozīmē, ka mēs būtu tik slikti, cik vien var būt, nedz arī to, ka mēs grēkotu nepārtraukti. Ar to nav jāsaprot, ka mēs nespētu atšķirt pareizo no nepareizā, vai, ka mēs nedarītu neko labu un derīgu. Tas nozīmē, ka grēks ir pārņēmis visu mūsu būtību - prātu, gribu, jūtas, sirdsapziņu un iztēli. *Sirds ir viltīgāka par visu un to nav iespējams mainīt.* Nelaimju cēlonis nav tas, ko darām, bet gan tas, kas mēs esam! Mēs grēkojam tāpēc, ka mūsu būtība ir grēcīga.

Mūsu dvēsele ir aptraipīta. Bībele par to runā nopietni: *no cilvēka sirds nāk ļaunas domas, izvirtība, zādzības,* *slepkavības, laulības pārkāpšana, mantrausība, ļaunprātība, krāpšana, netiklība, skaudība, aprunāšana, augstprātība un muļķība.* Pievērsiet uzmanību tam, ka šajā uzskaitījumā minēti vārdi, darbi un arī domas. Dieva acīs visi grēki ir vienlīdz nopietni. Daži cilvēki savā grēka izpratnē aprobežojas tikai ar tādiem smagiem pārkāpumiem kā, piemēram, slepkavība, ārlaulības sakari vai laupīšana. Bībelē skaidri norādīts, ka grēks ir itin viss, kas neatbilst Dieva prasībām. Jebkura nepilnība domās, vārdos vai darbos ir grēks. Atbildēsim uz šo jautājumu: *Kurš var sacīt: "Es savu sirdi esmu saglabājis skaidru; es esmu tīrs un bez grēka"?* Vai mēs to varam?

Mēs esam dumpīgi. Bībele māca, ka *grēks ir patvaļa*, tīša sacelšanās pret Dieva varu un likumiem. Neviens likums nespiež mūs melot, krāpt, domāt netīras domas vai grēkot kādā citā veidā. Mēs paši to izvēlamies, paši izšķiramies pārkāpt Dieva svēto likumu. Mēs tīšuprāt Viņam neklausām, un tas ir nopietni, jo *Dievs ir taisnīgs tiesnesis, kas brīdina ik dienas.* Dievs nekad nav iecietīgs pret grēku, un mēs varam būt pārliecināti, ka neviens grēks nepaliks

nesodīts.
Dieva sodu mēs daļēji izjūtam jau šajā dzīvē, lai gan varam to arī neatzīt. Tomēr galīgo sodu saņemsim pēc nāves, kad Tiesas Dienā *ikviens no mums atbildēs Dievam par sevi.*

Kas mūs gaida pēc šīs dzīves?

Par to, kas ar mums notiks pēc nāves, tiek izteiktas dažādas domas. Daži apgalvo, ka mēs visi tikšot iznīcināti, citi saka, ka visi nonākšot debesīs. Vēl citi tic, ka esot tāda vieta, kur mūsu grēcīgās dvēseles tiekot sagatavotas uzņemšanai debesīs. Taču Svētajos Rakstos nekas tamlīdzīgs nav atrodams.

Bībele nepārprotami saka: *cilvēkam ir nolemts vienreiz mirt un tad stāties tiesas priekšā*. Tos, kuri dzīvojuši pareizās attiecībās ar Dievu, gaida debesu valstība, kur viņi mūžīgi dzīvos brīnumainajā Dieva klātbūtnē. Visi pārējie tiks *sodīti ar mūžīgu pazudināšanu un tiem būs liegta Kunga klātbūtne un viņa spēka varenība*. Bībele to visbiežāk sauc par elli. Lūk, četras patiesības par to:

Elle ir realitāte. Tā nav kaut kāds baznīcas izdomājums. Bībelē par elli runāts vairāk nekā par debesīm, neatstājot ne mazāko vietu šaubām par tās esamību. Tā piemin *elles sodību*, cilvēku *iemešanu ellē*.

Elle ir briesmīga. Bībelē tā attēlota kā *mocību vieta*, kā *uguns ceplis,* kur deg *mūžīgas liesmas* un *neizdzēšama uguns.* Tā ir ciešanu vieta, kur valda *raudas un zobu klabēšana,* un kurā *nav miera ne dienu, ne nakti.* Tiem, kas nonākuši ellē, tiek pilnīgi liegts viss labais. Dievs viņus ir nolādējis, novērsies no tiem un atņēmis jebkādu palīdzību vai atbalstu.

Elle ir beigas. Neviens ceļš no elles neved atpakaļ. Ellei nav izejas. Starp debesīm un elli *atrodas milzīgs bezdibenis.* Elles šausmas, vientulība un mokas nav domātas šķīstīšanai, bet gan mūžīgam sodam.

Elle ir taisnīga. Bībelē teikts, ka Dievs reiz *pasauli taisnīgi tiesās.* Viņš ir absolūti taisnīgs, sūtīdams grēcinieku uz elli. Viņi saņem tikai to, ko paši izvēlējušies. Viņi atsakās no Dieva šajā dzīvē, Viņš atsakās no viņiem tajā pasaulē. Viņi izvēlas bezdievīgu dzīvi, Dievs šo izvēli apstiprina uz visiem laikiem. Nav pamata apvainot Dievu netaisnībā vai negodīgumā.

Runājot par šīm satriecošajām realitātēm, ir vietā nopietni padomāt par jautājumu, kas tika uzdots kādai ļaužu grupai Jaunās Derības laikā: *Kā jūs izbēgsit elles sodībai?*

19

Vai reliģija var palīdzēt?

Cilvēku mēdz dēvēt par reliģiozu dzīvnieku. "Reliģijas un ētikas enciklopēdija" min simtiem veidu, kādos cilvēki ir mēģinājuši apmierināt savas reliģiskās tieksmes un jūtas. Ir pielūgta saule, mēness un zvaigznes, zeme, uguns un ūdens, koka, akmens un metāla elki, zivis, putni un dzīvnieki. Cilvēki ir pielūguši neskaitāmus dievus un garus – visdažādākos savas iztēles augļus. Citi ir mēģinājuši tuvoties patiesajam Dievam ar visdažādākajiem upuriem, rituāliem, ceremonijām un dievkalpojumiem. Tomēr reliģija, lai cik neviltota tā nebūtu, nevar atrisināt cilvēka grēka problēmu. Tam ir vismaz trīs iemesli:

Reliģija neīsteno Dieva prasības. Reliģija ir cilvēka mēģinājums attaisnoties Dieva priekšā, taču tas ir neveiksmei lemts mēģinājums. Mūsu vislabākie nodomi ir maldu un kļūdu pilni un nevar apmierināt Dieva prasības. Bībele to pasaka nepārprotami: *Visa mūsu taisnība ir kā netīras skrandas*. Dievs prasa pilnību, bet reliģija šo prasību nespēj izpildīt.

Reliģija nevar novērst grēku. Mūsu tikumi nevar padarīt par neesošiem mūsu netikumus. Labie darbi nespēj izdzēst sliktos. Ja cilvēks atrod saskaņu ar Dievu, tad tas notiek *ne ar darbiem, tā ka neviens nevar lielīties.* Nekāda reliģiska darbība, nekādi rituāli - ne kristības, ne iesvētības, ne Svētais vakarēdiens, nedz arī baznīcas apmeklēšana, lūgšanas, dāvanas, ziedotais laiks un enerģija, Bībeles lasīšana vai arī kas cits - nespēj izdzēst nevienu grēku.

Reliģija nevar izmainīt mūsu grēcīgo dabu. Cilvēka sirds jau no dabas ir viltīga un samaitāta. Baznīcas apmeklēšana un reliģisku ceremoniju izpildīšana var sniegt mums gandarījumu, bet nespēj mūs padarīt labus. *Vai tad tīrs var celties no nešķīsta? Nekad ne!*

Nepārprotiet - iet baznīcā, lasīt Bībeli un lūgt Dievu noteikti ir labi, jo Viņš pats mums ir teicis tā darīt. Taču neiedrošināsimies domāt, ka ar to pietiek, lai atrisinātu pretrunu starp mums un Dievu. Īstenībā paļaušanās tikai uz reliģiju vien vērš mūsu grēku vēl dziļāku un sodu vēl nopietnāku.

Vai ir kāda atbilde?

Jā, ir - un to dod Dievs! Bībeles svarīgākā vēsts skan: *Dievs tik ļoti mīlēja pasauli, ka dāvāja tai savu vienīgo Dēlu, lai neviens, kurš Viņam tic, neaizietu bojā, bet iegūtu mūžīgu dzīvi.*

Dievam ir jāsoda grēks. Taču Bībele mums saka arī to, ka *Dievs ir mīlestība.* Kaut arī Dievs ienīst grēku, Viņš mīl grēciniekus un vēlas viņiem piedot. Vai tas ir iespējams, nepārkāpjot Dieva likumu, kas paredz garīgu un fizisku nāvi kā sodu par grēkiem? Vienīgi Dievs varēja atrisināt šo problēmu. *Tēvs ir sūtījis savu Dēlu par pasaules Glābēju.*

Dieva Dēls kļuva par cilvēku, iemantodams cilvēka dabu. Būdams visīstākais cilvēks, Jēzus bija arī Dievs. Bībelē sacīts, ka *Kristū visa dievišķā pilnība parādās redzamā veidā.* Viņš bija tik dievišķs, it kā nebūtu kļuvis par cilvēku, un tik cilvēcisks, it kā nebūtu Dievs. Jēzus Kristus tāds ir vienīgais, un Bībele to apstiprina dažādos veidos. Brīnumaina bija jau Viņa piedzimšana. Viņam nebija tēva parastajā izpratnē. Viņš tika ieņemts nevainīgas mietenes klēpī caur Svētā Gara pārdabisko spēku. Viņa vārdi bija ne ar ko nesalīdzināmi:

ļaudis *brīnījās par Viņa mācību, jo tai piemita spēks.* Viņa brīnumi bija nepārspējami: Viņš gāja apkārt, *dziedinādams visas slimības un sērgas ļaužu vidū.* Viņa raksturs bija unikāls: Viņš tika *kārdināts visās lietās, tāpat kā mēs, taču bija bez grēka.* Tāpēc Tēvs par Viņu varēja sacīt: *Šis ir mans mīļais Dēls, ar ko es esmu apmierināts.*

Pievērsiet uzmanību šim vērtējumam! Tas nozīmē, ka Jēzus kā cilvēks bija ievērojis Dieva likumus. Tātad nebija ne mazākā iemesla viņu sodīt ar nāvi. Uz melīgas apsūdzības pamata viņu apcietināja, un visbeidzot Jeruzalemē piesita krustā. Tomēr viņa nāve nebija nejaušība vai neizbēgama traģēdija. Tas bija *Dieva nodoms un mērķis.* Tēvs sūtīja savu Dēlu nāvē, lai Viņš izpirktu mūsu grēkus. Jēzus to darīja labprāt. Viņa misija šajā pasaulē bija *atdot savu dzīvību kā izpirkšanas maksu par daudziem.* Pat Jēzus nāve bija nesalīdzināma.

Šī iemesla dēļ ir ārkārtīgi svarīgi, lai mēs saprastu, kas notika, kad Jēzus mira, un ko viņa nāve mums nozīmē.

Kāpēc krusts?

Bībele pievērš īpašu uzmanību Jēzus nāvei. Nedz viņa nevainojamā dzīve, nedz neparastā mācība, nedz arī neticamie brīnumi nav Bībeles vēstījuma centrā. Pats svarīgākais ir tas, ka Jēzus nāca pasaulē, lai miŗtu. Kas viņa nāvi padara tik nozīmīgu? Atbilde skan: viņš mira par mūsu grēkiem, lai atnestu mums glābšanu.

Jēzus — mūsu vietā. Šeit parādās Dieva mīlestība. Grēcinieki ir bezpalīdzīgi un pazuduši Dieva svētā likuma priekšā, kas prasa sodīt ikvienu grēku. Tad kā gan lai tie glābjas no Dieva taisnīgajām dusmām? Bībele atbild: *Dievs savu mīlestību uz mums pierāda ar to, ka Kristus par mums miris, kad mēs vēl bijām grēcinieki.* Iekļaudamies grandiozajā cilvēces glābšanas plānā, Dieva Dēls labprātīgi stājās grēcinieku vietā un bija ar mieru uzņemties sodu par mūsu grēkiem. Nevainīgais Dieva Dēls labprātīgi uzņēmās ciešanas un mira par mums, *taisnīgais par netaisnīgiem.*

Jēzus — Grēka Nesējs. Kristus krusts apstiprina Dieva

svētumu. Viņa nāve bija īsta. Sods par grēkiem tika samaksāts visā pilnībā. Viņš mira ne tikai fiziski, bet arī garīgi. Krustā piesists, Jēzus izsaucās: *"Mans Dievs, mans Dievs, kāpēc tu mani esi atstājis?"* Šajā drausmīgajā mirklī Dievs Tēvs bija novērsies no sava mīļotā Dēla, kurš izjuta nepanesamas atšķirtības mokas. Lūk, kā izpaužas Dieva absolūtais svētums! Visi grēki ir jāsoda, un, kad Jēzus stājās cilvēku vietā, viņam par mūsu grēkiem bija jānorēķinās tik pamatīgi, it kā pats tos būtu darījis. Vienīgais cilvēks, kurš nodzīvoja nevainojamu dzīvi, izcieta divkāršu nāvessodu.

Jēzus — Glābējs.

Visbeidzot Dievs apliecināja savu visvarenību. Trīs dienas pēc nāves Kristus tiek *pasludināts par Dieva Dēlu, jo viņš ir augšāmcēlies no mirušajiem.* Kristus deva *daudzas skaidras zīmes, ka viņš ir dzīvs un nevarēja ottreiz nomirt; nāvei vairs nav pār viņu varas.* Pieceldams Kristu no mirušajiem, Dievs pārliecinoši apliecināja, ka pieņem viņa nāvi kā pilnīgu un galīgu maksu par cilvēku grēkiem. Tādējādi Viņš dāvā pilnīgu piedošanu visiem, kam lemta mūžība ellē.

Kāds tam visam sakars ar mums? Kā mēs varam izlīgt ar Dievu? Kā Kristus var kļūt par mūsu Glābēju?

Kā es varu tikt izglābts?

Vai, tiktāl izlasot šo grāmatu, jūsos tiešām radusies vēlēšanās tikt izglābtiem? Vai alkstat izlīgt ar Dievu, lai ko tas arī nemaksātu? Ja nē, tad iepriekš teiktais jums būs paslīdējis garām. Pārlasiet to vēlreiz, lēnām un pamatīgi, un lūdziet Dievu, lai Viņš parāda jums šo vārdu patiesīgumu.

Ja Dievs jums atklājis nepieciešamību tikt glābtam, tad jums *jāvēršas pie Dieva patiesā nosžēlā un jāsāk ticēt mūsu Kungam Jēzum.*

Grēku nožēla. Tas nozīmē pilnīgi mainīt attieksmi pret grēku. Jāmainās mūsu uzskatiem. Mums jāatzīst, ka svētā un mīlošā Dieva acīs esam grēcinieki. Ir jānotiek pārmaiņām mūsu sirdī — jāsāk uzskatīt grēku par kaunu un nelaimi. Jāizšķiras atstāt visu grēcīgo un izmainīt dzīves virzību. Dievs prasa, lai katrs *savu nožēlu apliecina darbos.* Citas iespējas nav. Dievs nepiedos nevienu grēku, kuru mēs negribēsim atmest. Nožēlot grēkus nozīmē sākt jaunu dzīvi, visiem spēkiem pūloties dzīvot saskaņā ar Dievu.

Ticība Kristum. Pirmkārt, tas nozīmē, ka mums jāpieņem Jēzus kā *Kristus — dzīvā Dieva Dēls* un jāatzīst, ka *Kristus mira par mums, bezdievīgajiem.* Otrkārt, tas nozīmē ticēt, ka Kristus savā varenībā un mīlestībā spēj un vēlas mūs glābt. Treškārt, mums pilnīgi jāuztic sava dzīve Kristum, paļaujoties vienīgi uz Viņu un tikai uz viņu, lai izlīgtu ar Dievu. Mūsu lepnā, grēcīgā daba negribēs zaudēt ticību savam krietnumam vai reliģijai. Taču citas izejas cilvēkiem nav. Vienīgi Kristus *spēj uz visiem laikiem izglābt tos, kas caur viņu nāk pie Dieva.*

Ja Dievs ir parādījis mums šo vajadzību un izraisījis ilgas pēc glābšanas, tad griezīsimies pie Kristus un darīsim to tūlīt! Vislabāk lūgt Viņu balsī - tas palīdzēs tikt skaidrībā pašiem par sevi. Atzīsim, ka esam vainīgi, ka esam nožēlojami grēcinieki, un no visas sirds lūgsim Kristu, lai Viņš mums palīdz novērsties no grēka un dzīvot Viņam.

Bībelē sacīts: *ja tu ar savu muti apliecini, ka Jēzus ir Kungs un savā sirdī tici, ka Dievs viņu piecēlis no mirušiem, tu tiksi izglābts.* Ja mēs patiesi ticam Kristum kā savam Glābējam un atzīstam viņu par Kungu, mēs šo solījumu droši varam attiecināt uz sevi!

Ko tālāk?

Pieņemot Kristu, mēs iegūstam daudz nesalīdzināmu vērtību un prieka. Mēs izlīgstam ar Dievu. Bībele to sauc par attaisnošanu: *Tā kā mēs esam attaisnoti caur ticību, mums ir miers ar Dievu caur mūsu Kungu Jēzu Kristu.* Caur Kristu mūsu grēki tiek dzēsti: *katrs, kurš viņam tic, iemanto piedošanu caur viņa vārdu.* Tagad mēs esam Dieva ģimenes locekļi: visi, kas tic Kristum, saņem *tiesības kļūt par Dieva bērniem.* Mums pieder mūžīga drošība: *Tiem, kas ir Jēzū Kristū, vairs nav nekādas pazudināšanas.* Svētā Gara veidā mūsu dzīvē ir ienācis pats Dievs: *tā Gars, kas Jēzu piecēla no mirušajiem, tagad mājo jūsos.* Cik tās ir lielas patiesības!

Mūsu jaunās garīgās dzīves attīstību nosaka četri faktori:

Lūgšana. Tagad mēs varam uzrunāt Dievu kā savu Tēvu, ko agrāk nekad nevarējām. Varam Viņu pielūgt, slavējot Viņa varenību, spēku, svētumu un mīlestību. Varam ik dienas lūgt viņa piedošanu. Jā, arī tie, kas kļūst par Dieva bērniem, vēl nav pilnīgi, bet, *ja atzīstam savus grēkus, viņš ir uzticīgs un taisnīgs un piedod mūsu grēkus un šķīsta mūs no visas netaisnības.* Mēs varam ik dienas pateikties Viņam par mums parādīto labvēlību. Ir tik daudz kas, par ko gribēsim pateikties Dievam, arī tie ikdienas labumi, ko esam pieraduši uzskatīt par pašsaprotamiem. Bet īpaši mēs gribēsim viņam sacīt paldies par to, ka viņš mūs izglābis, pieņēmis savā ģimenē un dāvājis mūžīgo dzīvību. Tas vienmēr būtu jādara ar prieku! Mēs varam Viņam lūgt arī palīdzību un spēku — sev un citiem. Īpaši mums jālūdz par visiem tiem, kuri vēl ir tālu no Dieva.

Bībeles lasīšana. Lūgšanā mēs runājam ar Dievu, Bībelē Dievs runā ar mums. Tāpēc ir ļoti svarīgi to lasīt ik dienas, lai zinātu, *kas patīk Kungam.* To darot, lūgsim Viņa palīdzību saprast izlasītā jēgu un tam paklausīt, *lai jūs ar to augat un topat izglābti.*

Sadraudzība. Tagad, kad esam kļuvuši par Dieva ģimenes locekļiem, Viņam būs tīkami mūs redzēt kopā ar garīgajiem brāļiem un māsām. *Neatstāsim savas sapulces, ...pamudināsim viens otru.* Tas nozīmē, ka mums jāpievienojas kādai 29

draudzei, un jo drīzāk, jo labāk. Ne vienmēr ir viegli izvēlēties vispiemērotāko baznīcu. Mēs taču gribēsim atrast tādu, kas māca tās Bībeles patiesības, ar kurām iepazināmies šajās lappusēs. Iespējams, ka jums var palīdzēt cilvēks, kurš iedeva šo grāmatiņu. Baznīcā jūs daudz vairāk uzzināsit par Dievu. Jums palīdzēs arī citu cilvēku pieredze. Jūs sapratīsit, cik svarīgi ir Dieva norādījumi par kristīšanos un Svēto vakarēdienu. Jūs atklāsit to prieku, ko sniedz dalīšanās ar Dieva dotajām dāvanām un spējām. Jums vajadzīga draudze, un draudzei esat nepieciešams jūs!

Kalpošana. Tagad tā būs mūsu privilēģija *kalpot Kungam, savam Dievam ar visu sirdi un dvēseli.* Vienmēr atcerēsimies, ka Dievs mūs ir *izglābis un aicinājis uz svētu dzīvi.* Padarīsim svētumu par augstāko aicinājumu sev. *Tā ir Dieva griba, ka jums jābūt svētiem.* Meklēsim arī iespēju likt lietā savas spējas, lai kalpotu Dievam. Paturēsim prātā, ka mēs esam *Kristū Jēzū radīti labiem darbiem.* Nepalaidīsim garām izdevību pastāstīt citiem, *cik daudz tavā labā ir darījis Kungs.* Stāstīt par Kristu nav tikai viņa sekotāju pienākums, tas allaž ir arī uzmundrinošs pārdzīvojums.

Kopš šī brīža meklēsim iespēju dzīvot tā, lai visa mūsu dzīve *paustu tā godu, kurš jūs aicinājis no tumsas savā brīnišķīgajā gaismā.*

Ja jums vajadzīga garīga palīdzība, lūdzu, griezieties pie:

Izmantotie Bībeles citāti:

4. lpp.
Ebrejiem 11:6
1. Mozus 1:1
Ebrejiem 11:3
Psalmi 33:9

5. lpp.
Ap. darbi 17:24
1. Mozus 2:7
Psalmi 139:14

6. lpp.
Ijaba 11:7
Psalmi 19:1
Romiešiem 1:20

7. lpp.
2. Pētera 1:21
Psalmi 19:8-9
2. Timotejam 3:16
1. Tesalon. 2:13

8. lpp.
Jeremijas 10:10
Jesajas 44:6
Filipiešiem 2:11
Jāņa ev. 1:1
2. Korintiešiem 3:17

9. lpp.
Jāņa ev. 4:24
Jāņa ev. 1:18
Jeremijas 23:24
Psalmi 90:2
Atklāsme 1:8
Maleahija 3:6
Ap. darbi 17:25

10. lpp.
2. Mozus 15:11
1. Samuēla 2:2
Habakuka 1:13
1. Pētera 1:16
Jesajas 30:18
Psalmi 97:2
Ebrejiem 4:13
Romiešiem 11:33

11. lpp.
Psalmi 135:6
Efeziešiem 1:11
Daniēla 4:32
Jeremijas 32:27
Ijaba 5:9
Ijaba 37:23

12. lpp.
1. Mozus 1:27
1. Mozus 1:28

13. lpp.
1. Mozus 1:31

14. lpp.
Romiešiem 5:12
1. Mozus 2:17
1. Mozus 3:6
1. Mozus 3:8

15. lpp.
Romiešiem 5:12
1. Jāņa 1:8
Romiešiem 3:23

16. lpp.
Jeremijas 17:9
Marka ev. 7:21-22

17. lpp.
Salam. pam. 20:9
1. Jāņa 3:4
Psalmi 7:12
Romiešiem 14:12

18. lpp.
Ebrejiem 9:27
2. Tesalon. 1:9
Mateja ev. 23:33
Mateja ev. 5:29
Lūkasa ev. 16:28

19. lpp.
Mateja ev. 13:42
Jesajas 33:14
Mateja ev. 3:12
Mateja ev. 22:13
Atklāsmes 14:11
Lūkasa ev. 16:26
Ap. darbi 17:31
Mateja ev. 23:33

20. lpp.
Jesajas 64:6

21. lpp.
Efeziešiem 2:9
Ijaba 14:4

22. lpp.
Jāņa ev. 3:16

1. Jāņa 4:8
1. Jāņa 4:14
Kolosiešiem 2:9

23. lpp.
Lūkasa ev. 4:32
Mateja ev. 4:23
Ebrejiem 4:15
Mateja ev. 3:17
Ap. darbi 2:23
Mateja ev. 20:28

24. lpp.
Romiešiem 5:8
1. Pētera 3:18

25. lpp.
Marka ev. 15:34
Romiešiem 1:4
Ap. darbi 1:3
Romiešiem 6:9

26. lpp.
Ap. darbi 20:21
Ap. darbi 26:20
Mateja ev. 16:16
Romiešiem 5:6

27. lpp.
Ebrejiem 7:25
Romiešiem 10:9

28. lpp.
Romiešiem 5:1
Ap. darbi 10:43
Jāņa ev. 1:12
Romiešiem 8:1
Romiešiem 8:11
1. Jāņa 1:9

29. lpp.
Efeziešiem 5:10
1. Pētera 2:2
Ebrejiem 10:25

30. lpp.
5. Mozus 10:12
2. Timoteja 1:9
1. Tesalon. 4:3
Efeziešiem 2:10
Marka ev. 5:19
1. Pētera 2:9